The PUNNIEST WORD SEARCHES in the World

50 HILARIOUSLY TERRIBLE WORD SEARCHES

CIDER MILL PRESS

BOOK PUBLISHERS

Welcome to

THE PUNNIEST WORD SEARCHES IN THE WORLD,

guaranteed to make all puzzle aficionados groan or chuckle in delight—especially those who are connoisseurs of dad jokes.

Like regular word searches, all the answers are hidden in the grid, reading across and down, diagonally both ways, backward and forward. What's different is that we've only given you the lead-ins to the jokes. You have to find the punchlines. To make things slightly easier, we've given you enumerations of the words in the answer. For example:

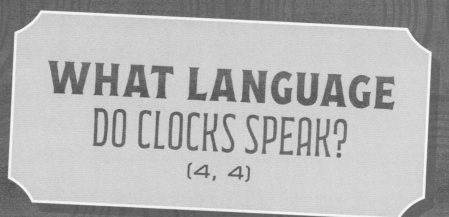

WHAT LANGUAGE DO CLOCKS SPEAK?

(4, 4)

We know the answer will have two words, each of them being four letters long. (For this one, the answer is **TICK TALK**. Like we said before, get ready to groan.) As an additional hint, we've alphabetized each joke in the puzzle by their punchline. So if you get one answer, you'll know the previous ones would come earlier in the alphabet, and the following ones later. For those who are completely stumped, we've included the punchlines as word lists in the back of the book.

Good Luck!

• 1 •

HOW DO OFFENSIVE LINEMEN CELEBRATE A VICTORY?

(5, 5)

• 2 •

HOW CAN YOU TELL IF A TREE IS A DOGWOOD?

(2, 3, 4)

• 3 •

HOW DOES a train eat?

(4, 4)

• 4 •

HOW DO YOU LOCK UP A MOTEL?

(5, 5)

• 5 •

How did the tree GET ONLINE?

(2, 6, 2)

• 6 •

HOW DO YOU BRIGHTEN UP a dull garden?

(5, 4)

• 7 •

HOW MANY TICKLES DOES IT TAKE TO MAKE AN OCTOPUS LAUGH?

(3-7)

• 8 •

HOW DO SPIDERS COMMUNICATE?

(7, 3, 3)

Y B G V N W J J W N C K X N Z Y

J N R J D E B A R U J Q Q Y H U

I I T R V L E Q F J B S N I S C

K A A U E E W Q U X G W S S A C

Y H N Z D A E E E L E S E B U X

F C H I R E H H I X G B L P P T

T L X L D G T G C F I O K A W E

W E H C W E H C G N C W C E W W

M T F D V T G V F K A F I X Z O

E O I D B O U G P M X S T Y V H

W H R U X N O A O H R L N G F V

J S L U T T R Z S L P B E O W U

Q B R E X T H Y E T T E T P P I

W L Q C Y Z T N L N O I Z R M P

M B Y I T S B A R K H T F Y N L

I B O N X G U P Z C B L Q D U I

• 1 •
WHAT DO YOU CALL A COW WITHOUT LEGS?
(6, 4)

• 2 •
DID YOU HEAR *the owl's new joke?*
(2'1, 1, 4)

• 3 •
Did you hear **THE PIG JOKE?**
(2'1, 4-3)

• 4 •
DID YOU HEAR THE JOKE ABOUT THE OMELETTE?
(2'1, 10)

• 5 •
DID YOU HEAR THE JOKE *about paper?*
(2'1, 4-4)

• 6 •
WHAT DO YOU CALL A PIG WHO *does karate?*
(4, 4)

• 7 •
WHAT DO YOU CALL A PLACE WHERE THEY MAKE THINGS *that are just okay?*
(12)

• 8 •
WHAT DID THE FAKE HAIR DO **WHEN IT GOT REALLY UPSET?**
(6, 3)

```
C Z K U S P D A H M O V Z B U S
O J B O A C C Z U V T L O I U K
J Y T P T T R N K I P G U W U A
P B E O I O U Z P S W W G P B T
C D P I S G H O V K Q K R K N X
E E I T F N R G D O L E C E S X
X Z T S A K Y O S E Q H L H L Y
Z J S A C N L I U E G L F X L C
T W B H T D A S V N E G Q T L C
J X O O O V T Q V C D H I Y U A
D P A O R D G J G M D B R W S R
E P R T Y K F G H F R R E H F B
V U I T S T E A R A B L E E S J
J U N D I S Z J C T B P J E F T
S N G N T S W D C P X V K X G J
S F P I U R P R Q D L M D Z L D
```

· 1 ·

WHAT DO YOU CALL **A HAUNTED CLOTHING SHOP?**

(8)

· 2 ·

WHAT DO YOU CALL A ROSE *talking on the phone?*

(4-1-6)

· 3 ·

WHAT DO YOU CALL A PEN WITHOUT A TOP?

(2-3-6)

· 4 ·

WHAT DO YOU CALL *a horse who disagrees with you?*

(5-5)

· 5 ·

What do you call A BAGEL THAT CAN FLY?

(5, 5)

· 6 ·

WHAT DO YOU CALL A CHICKEN'S GHOST?

(12)

· 7 ·

WHAT DO YOU CALL *a famous ocean animal?*

(4-4)

· 8 ·

WHAT DO YOU CALL **A QUICK SKETCH OF A NEW YORK BASEBALL PLAYER?**

(6, 6)

```
W  N  G  C  Y  N  Z  V  Z  P  V  R  C  K  U  U
N  F  Y  W  T  S  I  E  G  Y  R  T  L  U  O  P
P  K  O  E  B  Y  Y  T  B  X  B  E  X  H  L  G
J  S  Q  W  Y  W  A  L  T  V  L  I  I  A  Y  I
C  T  X  C  N  Z  X  W  V  D  J  M  N  Y  V  T
T  A  A  N  U  V  B  L  O  E  M  E  B  Z  M  W
U  R  L  A  A  T  B  O  B  T  B  V  N  J  U  F
S  F  E  L  A  O  D  G  O  A  A  E  N  V  D  R
J  I  X  I  I  E  P  N  G  T  L  R  M  M  E  D
P  S  M  L  E  F  O  E  H  I  I  S  L  N  F  A
C  H  X  K  B  E  L  L  R  P  R  Q  I  X  Y  M
J  L  N  C  U  W  E  O  L  A  U  A  U  E  L  Q
P  A  I  Z  B  A  Q  O  W  C  A  G  B  E  N  C
Y  R  E  Y  A  S  H  G  I  E  N  J  I  K  J  U
A  A  G  R  B  T  I  Q  P  D  R  C  N  H  D  W
O  G  Q  W  K  J  U  H  U  B  T  O  Q  I  F  Q
```

• 1 •

WHAT DO YOU CALL A VERY YOUNG CANNON?

(4, 6)

• 2 •

What do you call A BOOK ABOUT BLANKETS?

(5, 5)

• 3 •

WHAT DO YOU CALL A PRIEST THAT BECOMES A LAWYER?

(6, 2, 3)

• 4 •

WHAT DO YOU GET IF YOU CROSS AN ACCOUNTANT WITH AN ICE RINK?

(6, 6)

• 5 •

WHAT DO YOU CALL A VET WITH LARYNGITIS?

(6, 6)

• 6 •

What do you call A SKELETON THAT REFUSES TO WORK?

(4, 5)

• 7 •

WHAT DO YOU CALL *a couple of keets?*

(9)

• 8 •

WHAT DO YOU CALL A CONCEITED VAMPIRE?

(4, 7)

```
W L X S N H F Q Q Z C Y G E R V
S H T D V E I N M O N S T E R S
Y Z E B H R G S V R K U M Z O E
B P A M J T U E K B K O J J T L
E V K J F T R Q O V O A F P C S
S B F L A S E B O B M D C Y O W
X I E U T K S Z Y M F G H W D R
U U I O H L K B Z D G W A J E U
L L R O E P A R A K E E T S S R
O Y A K R B T Z Z T Z V T I R O
G G W R I D E D Y F C R S A A U
V A W E N B R I R B E L I J O A
A C H U L A W P N V O U V P H H
I K Q G A M C Y W I R N U Z K V
D U M S W W U A U T I W E E K U
F T U A H L B K Z Q D O U S J V
```

• 1 •

WHAT DO YOU CALL
a broken can opener?

(3'1, 6)

• 2 •

WHAT DO YOU CALL
A FOOTBALL
PLAYER
THAT BUILDS
HOUSES?

(9)

• 3 •

WHAT DO YOU CALL
A CHEF THAT'S
ON STRIKE?

(7)

• 4 •

What do you call
TWO OCTOPUSES WHO LOOK
EXACTLY THE SAME?

(9)

• 5 •

WHAT DO YOU CALL
THE CHANGE IN YOUR
POCKETS THAT GOES THROUGH
THE WASHING MACHINE?

(9, 5)

• 6 •

WHAT DO YOU CALL
AN ALLIGATOR
WITH A GPS?

(9)

• 7 •

What do you call
A COFFEE CUP WITH
NO SENSE OF FASHION?

(3, 4, 3)

• 8 •

WHAT DO YOU CALL
COWBOY CLOTHES?

(5, 8)

```
E M D F B H Q M C D Q M R G R R
T T Y E N O M D E R E D N U A L
H B N S X E F N P O X N X N W A
A K R K W L T H Z Q L G C T G E
K K Q R Z C G Z U L E H J Y G C
R R K T U A G D O F D M E M X A
P O T Z U T U O W R E Y Z C G R
F A T I D N M U E S X L V U E P
Z S E A F E U S F H R A M N Z U
G K E X G T S G O B M Y E V A N
N C N G F I C V U G L P M O B T
S G N S N T V O H G O O D N C E
Z U O G J C O A U T J V B A L R
E E Q P Q E S E N K M C G C K R
I S S B A W N A E D R B U Q V R
T U O K O O C Z O I N K F B J V
```

• 1 •

WHAT DO YOU CALL AN OLD PIECE OF INSECT FURNITURE?

(3-4)

• 2 •

What do you call A TIRED SINK?

(7)

• 3 •

What do you call A PEA THAT FALLS OFF THE PLATE?

(7)

• 4 •

WHAT DO YOU CALL TWO SIBLINGS WHO TAKE YOUR MONEY?

(4, 8)

• 5 •

WHY DID THE MAN ACCIDENTALLY **CALL THE HOLE IN THE GROUND A SEWER?**

(2, 5, 4)

• 6 •

WHAT DO YOU CALL *an invisible golf course?*

(7, 5)

• 7 •

WHAT DO YOU CALL A PHOTOGRAPH OF A BASEBALL THROWER HANGING ON THE WALL?

(7, 6)

• 8 •

WHAT DO YOU CALL A KNIGHT WHO'S TOO SCARED TO JOUST?

(3, 6)

```
Y C Z P M B N H V Q M R Q T L G
D O W X X I Q K D H T H M L F Z
L P O I S G S P U U F N E S L J
B Z I I X B E S U X L W R B A H
G B R T U G G I I Q T E P S L S
K B N I C N B G S N H Q I M P I
T T P U K H R V A T G L B J Z E
H H W B U X E E O F I L K P F V
E W W L M N M R N V N N I Q G E
M Q I D C E B G F X O A I N D S
L X H E H E D W R R N I G R K R
V A A N N P Y S W T A Y Y L N S
J L P I D A S H I D S M G S Y E
R D F A C C N Q F R Y B E P K H
M Y N R S S U U V M A T N D H H
B R E D N E R R I S Y J E Q H N
```

PUZZLE 7

• 1 •

WHY SHOULDN'T YOU **GAMBLE IN THE JUNGLE?**

(8)

• 2 •

Why is an editor's desk ALWAYS COLD?

(6)

• 3 •

WHY DID THE LAWYER HAVE MEXICAN FOOD FOR LUNCH?

(3, 4-5)

• 4 •

WHY IS A CHAMELEON A GREAT PARTY GUEST?

(2, 6, 2)

• 5 •

WHY WON'T A TEDDY BEAR *eat dessert?*

(2'1, 7)

• 6 •

WHY DIDN'T ONE BOAT WANT TO GO ALONG WITH WHAT THE OTHERS WANTED TO DO?

(4, 8)

• 7 •

WHY IS THE DOCTOR SUCH A GOOD MOTHER?

(3, 3, 8)

• 8 •

WHY SHOULD YOU ALWAYS *wash a cheese slicer after using it?*

(3, 6, 4)

O O V E A V C A B F M N B X E L
L I D D O C V N Y Q A V S X D Q
T S O D B O Y E K X P J T R V K
J A O L S W W V Y U I C F D H I
H J G A T X L M Z T A R A D D T
W G R Y E R U S S E R P R E I P
H B E N R X Z S W Z J J D J W N
C P T K O J T T I N U J C D I I
C V A Y A U S T G Y L H U S Z K
K I R T F O R C A S E I D E A S
K D G F J P V N A E H N A O E R
S H E H A S P A T I E N T S K U
I D H D D A W A O L L V U W A B
L V T H E H H P B S A H K N G O
T L W C G S X T C T D K V U J W
K M P G B G I C U R B X W V Y D

• 1 •

WHY DOES THE BOXER **NEVER SILENCE HIS PHONE?**

(2, 5, 3, 4)

• 2 •

WHY DID FRANKENSTEIN'S MONSTER GO TO THE ER?

(2, 3, 2, 5)

• 3 •

WHY DID THE WINDOW SHADE GO TO THE PSYCHOLOGIST?

(2, 3, 2-5)

• 4 •

WHY DID THE BANKER *quit his job?*

(4, 8)

• 5 •

WHY DID THE EAGLE *go to the doctor?*

(4, 6)

• 6 •

WHY ARE FISH GREAT AT DOING MATH?

(4, 8, 4)

• 7 •

WHY DID THE TREE WANT TO MAKE MORE FRIENDS?

(2, 6, 3)

• 8 •

Why can't lamps **BE TRUSTED?**

(3, 5)

```
S E Z N U P B P K N I M F W H S
T S A F Y L P I T L U M Y E H T
E O O K P E A T W V Q S L D M M
N A U I T W A S U P T I G H T W
D R C L R F D H H O K V L A W J
F T K R O N O F C E Z T E Z L W
G H E W A S I N S H O C K I W T
A R R Z B L T T K B Y W N K I E
K O Z Y H B H I R O Z P C Y Y T
D A P S I E Y A N M S O N W D T
N T B H R G N N A T P T O Q A K
O V I I Q C T W R N E K V H H Z
M D N G H U U L D H P R C X S O
K G I O R L X B T R S G E B O K
S P U R P S Y P W L Q Z L S O E
L T X I X I Q Z S L X Z W K T Q
```

• 1 •

What did the coffee
CALL HIS DATE?

(4-5)

• 2 •

WHY DID THE
POKER PLAYER
RUN TO THE
BATHROOM?

(2, 3, 1, 5)

• 3 •

WHAT DID
ONE CABINET
say to the other?

(4, 4, 5)

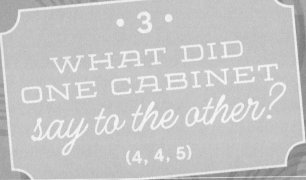

• 4 •

What did the farmer
SAY TO THE SHEEP
THAT WAS HIDING?

(1, 3, 3)

• 5 •

HAVE YOU
HEARD THE JOKE
ABOUT GERMAN
SAUSAGES?

(2'1, 3, 5)

• 6 •

What did the cowboy
SAY TO THE
TANGLED LASSO?

(4, 5)

• 7 •

WHAT DID
THEY SAY
TO THE GUY WHO
INVENTED ZERO?

(6, 3, 7)

• 8 •

WHAT DID THE CHEF SAY
AS THE WATER
BOILED AWAY?

(3'2, 2, 4)

T V I K D I D X S H J H L R U P
H Z Y N K A L C N S S C M T G E
A Z B O V Z C U A A Q H N R U S
N A J T U Q W Z F J V F A F B D
K T F F U L B A Z I V V E L H Y
S N Y U A V L N I C T W D E E I
F K N N V J V B W I W W A H T J
O X Q N O I M Z E W E E E S I M
R H M Y W I R V E M R R T R E B
N G M Q N S C G W H I H Y U B U
O F W V Y N P T Q K E S O O X W
T D K K N Q E E Q W B P T Y Q Y
H E H A D A F L U S H H O P J D
I A D N U Q V R F N U N P L Z R
N K N E O J S Z Y X H Q D E L S
G K J N X T T S P J V I O H F G

• 1 •

HOW MUCH DOES A PIRATE PAY FOR CORN?

(9)

• 2 •

WHAT DID THE CATCHER'S MITT *say to the baseball?*

(5, 3, 5)

• 3 •

WHAT DID NICK SAY WHEN HIS FRIEND ASKED FOR FIVE CENTS?

(1'1, 8)

• 4 •

WHAT DID THE BEACH SAY WHEN THE TIDE CAME IN?

(4, 4, 2, 3)

• 5 •

WHAT DID ONE DUCK FOOTBALL PLAYER SAY TO THE OTHER DUCK FOOTBALL PLAYER?

(6, 2)

• 6 •

WHAT DID THE CONDUCTOR SAY WHEN HE FOUND HIS MISSING SHEET MUSIC?

(5)

• 7 •

WHAT DO YOU USE **TO FIX A BROKEN TUBA?**

(4, 4)

• 8 •

WHAT DID THE ARM BONE **SAY TO THE FUNNY BONE?**

(3'2, 7)

```
U F V A C M U F T Z B C Z N J V
R O S D T Z R R P U D D L E U P
S M J M P C C Q C P B C A E M X
C L I A A U V C Y Y K A J V A Y
C O L H V S A G C G G I G G B O
B N B X C N V G B D Q W S L U U
O G K H E L L T T K L Z A Q U R
V T R E S R F Z G X D Y L B S E
P I R O P J T G H B A C O K R H
W M R A C X C V O Y O R H O U U
R E T A L U O Y H C T A C S M M
H N Y K R M Z V G W Z S I E Q E
N O O X A Z L L C T J K N X B R
L S W X Z Q Q C T N N K M M Y U
H E C G T A E D L J B V I F P S
K A J E Q I P W W R T B P K F F
```

• 1 •

DID YOU HEAR ABOUT **THE BUTTER RUMOR?**

(3'1, 6, 2)

• 2 •

DID YOU HEAR ABOUT *the kidnapping at school?*

(2, 4, 2)

• 3 •

DID YOU HEAR ABOUT *the rowboat sale?*

(2'1, 2, 3-4)

• 4 •

Did you hear THE JOKE ABOUT THE PEACH?

(2'1, 3-4)

• 5 •

DID YOU HEAR ABOUT THE PENCIL WITH TWO ERASERS?

(2'1, 9)

• 6 •

DID YOU HEAR ABOUT *the joke that's always on time?*

(2'1, 3-5)

• 7 •

DID YOU HEAR *the garbage joke?*

(2'1, 7)

• 8 •

HOW DID THE TREE FEEL **WHEN SPRING CAME?**

(2-6)

E I E L E Q U C M I Z Y D N C K

W J R D T D M U C T A B Y D B B

R I K S S E L T H S E P S T I N

M T K R Y V J R A P B U J Y R R

S S P L N A W S K U J N I J H P

E P X A I E V H X N C Z C J S G

G I D E H L X A Q C C U R W I B

V T I D A E R P S T N O D B B F

V I P R Y R W H K U K F O Q B K

V F R A V G L O N A H O H W U R

X U R O K T S R K L F X I A R Z

J L S N A N F N B E W I F G S G

S M D A R P E J C S U R O O T L

H C V S S E L T N I O P S T I H

W K Q T D P N O I U P L J S W U

Y C F I N V R G X J M E A G T D

• 1 •
How did the picture
END UP IN JAIL?
(2, 3, 6)

• 2 •
HOW DID THE BIRD
LEARN TO FLY?
(2, 6, 2)

• 3 •
HOW DO YOU
SAFELY HANDLE
A BABY GOAT?
(3, 6)

• 4 •
HOW DO YOU
DEFEND A CASTLE
MADE OUT OF CHEESE?
(4-7)

• 5 •
WHAT KIND OF DRINK
CAN BE HARD
TO SWALLOW?
(5-3)

• 6 •
WHAT DO YOU USE
to dial a
cell phone?
(4, 6)

• 7 •
HOW DO SPIES
KEEP WARM?
(4, 2, 10)

• 8 •
HOW CAN
YOU TELL
if someone has
bucket fever?
(4, 4, 4)

```
N U N Y O B T O Y E W B F I M A
R F R S Y R F P R V D W I P A Q
E J N T H E Y L O O K P A I L U
G V V F M R N K P P O Y S O L A
N J V G X Q K N A T L U O G E F
I C U X A Y D K B B Q W I T R G
F T K X S C P G P N P V I Y A H
G O W K K Z T L F L H L D N Z C
N K M I T W A S F R A M E D T V
I M H D N L C C G E A V J K A I
R F Z G P G S P R M Q I A S O G
Q E V L K F E Q H N P E T J M S
R E V O C R E D N U O G Y E H T
K A J V Y K Y N I E K Z I Y J F
S S J E G R G Z K T X Z W V U W
Q P D S R L N B X M Z Z R L V O
```

• 1 •

WHAT KIND OF MUSIC DOES A MOUNTAIN LISTEN TO?

(7, 4)

• 2 •

WHAT KIND OF FISH has the biggest shoes?

(5, 4)

• 3 •

WHAT DID THE PIRATE BUY AFTER HE GOT HIS PATCH?

(3-5)

• 4 •

What did the TWO CATS DO AFTER ARGUING?

(4, 3, 4, 2)

• 5 •

WHAT TYPE OF SANDALS does a frog wear?

(4-4)

• 6 •

WHAT DOES a tree wear with its shirt?

(4, 2, 6)

• 7 •

What kind of CAREER DID THE BOAT WANT TO GO INTO?

(5)

• 8 •

WHAT KIND OF CANDY BAR is the funniest?

(8)

```
S I T E X D C N B O P Z V R Y C
H I A Q E N O H P E Y E T X I Z
S T Z A I M I I E M Q Y K C C M
N F X S L I A S N I C K E R S T
A K W K T J Z S F P O I I P C J
E T T B O C L A S S I C R O C K
L C G W I I H N C E M I O P Z E
R E D N K E S D U W S C O E I O
R G H N Y E I M I Q N Z O N B P
B P B T L Z F A S T R Z W T S T
C X I O H F N K Z Z X L K O I D
W Y C N A A W E W Y F P T A I J
J A Q C J B O U M A U Z H D W X
R L S T N A L P F O R I A P L E
C T R P T E C P S N I O H A C S
X B R E D P W R A D L D V G Y S
```

31

PUZZLE 14

• 1 •
WHAT HAPPENED WHEN THE STUDENTS TIED *their shoes all together?*
(5, 4)

• 2 •
What does A VEGETARIAN ZOMBIE EAT?
(6)

• 3 •
WHAT DO YOU GIVE A CITRUS FRUIT THAT NEEDS HELP?
(5, 3)

• 4 •
WHAT HAPPENS WHEN YOU TOSS *small ovens into the water?*
(10)

• 5 •
What's the MOST MUSICAL PART OF A FISH?
(6)

• 6 •
What's another name FOR A TOASTER?
(7, 5)

• 7 •
What side dish DID THE RULERS OF RUSSIA LIKE THE MOST?
(9)

• 8 •
WHAT KIND OF MUSIC *do mummies like?*
(4)

```
M C D P I H I R S L S I X C F L
X W I D F H W H S B E M R S I Y
Q I O F A Z D P N P V A Y T Q I
C V H F B E L F I L A L L A Y T
X M C F E Y R R A W W H C Q T Q
V U M O M Q T B R Z O C W P V G
L V G A T S N A G Z R E X C M K
L A K P S G P U L N C S R M N N
O S O A A C Y Z J E I H W J V N
O X L W R K A O E Q M N H U T L
F C Q M D F B L L J R O N D O T
I T X L I G J I E A Y M N A N K
U V W P N H E X L S M Y A A T J
C H T O E H Q G T R Z B S X I P
T F N A S N C O K I B P T A E D
G M G C K R Q F U W F H M R N C
```

PUZZLE 15

• 1 •
WHAT KIND OF CAT *likes to go bowling?*
(5, 3)

• 2 •
WHAT DO **SPACE SQUIRRELS** LIKE TO EAT?
(9)

• 3 •
WHAT DOES A LIBRARIAN PLAY GOLF WITH?
(4, 4)

• 4 •
What did the young sailor GET ON HIS REPORT CARD?
(5, 1'1)

• 5 •
WHAT KIND OF CLOTHES DO STORM CLOUDS WEAR?
(11)

• 6 •
WHAT KIND OF BOAT **DOES A DENTIST RIDE ON?**
(5, 5)

• 7 •
WHAT IS A MERMAN'S *favorite shirt?*
(5, 4)

• 8 •
WHAT CASTS SPELLS AND PLAYS CROQUET?
(6, 5)

P T W W C S L Z T R N K P Q J M
X K P U W Q U A G Z Q F K W T K
N P W T I V C W A D I D P A U G
V G O B I Y A E I W R Z U V M W
U S V U E L Q W A X A X M N K C
F H F L T O O T H F E R R Y A A
E Q L C R V E S H J W A F I J D
R A H K S R R B G L R C W E U D
I R I O P T D S P A E S L E N N
G R K O S T U W C Y D C P L E U
J Z L B I L K N U X N N U C H D
Q O N T C J L T O P U E X O F Z
T C K B P B Y U D R H V B B M O
T I L U G H C T I W T E K C I W
F Q B S S Z E A D J Y S F G P W
O F G P P T M K R A I W A A X D

• 1 •

What makes dinosaurs ITCH AND SCRATCH?

(12, 3)

• 2 •

WHAT DID DRACULA GET **WHEN HE BIT THE ABOMINABLE SNOWMAN?**

(5, 4)

• 3 •

WHAT DO YOU GET **IF YOU KISS GLUE?**

(3, 5)

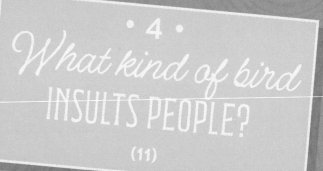

• 4 •

What kind of bird INSULTS PEOPLE?

(11)

• 5 •

WHAT KIND OF HORSE DOES A COWBOY GHOST RIDE?

(5, 4)

• 6 •

WHAT KIND OF BOOK **SHOULD YOU BRING TO MUSIC CLASS?**

(4, 3)

• 7 •

What do witches need ON THEIR COMPUTER?

(5, 5)

• 8 •

WHAT DO DANCERS DRINK *with their lunch?*

(3, 5)

E K P X O T X N I F F Y D K K A

V T Q M G U Y M U G J C B N M N

R U I D X H G R D U P P Z R S I

T N E B L H Q A W B C X M D M J

R U E R T U T Z N C E U I I O K

X E A X A S N X Y I O B L F C X

D H T X W M O O Q R D N V I K G

D D S A H J T R R O Z M T X I U

E U I F W Y E H F T I S B S N Z

B D L F S P P S G S P S O W G A

H A K J L T A V Z I A S B F B O

I F K U R U D T L H N P J N I Y

O T F Y I Z B Q T A W B B R R U

E C K C E H C L L E P S K A D I

R I M F D M P O J L D T M J T K

D W S S R F Z B R F X V K S A F

• 1 •

WHAT ARE ASTRONOMERS' *favorite sports teams?*

(3-5)

• 2 •

WHAT DO YOU GET IF YOU CROSS A DIAPER AND HANDBAG?

(6, 5)

• 3 •

WHAT DO YOU GET WHEN A BOXER MEETS A GIANT ORANGE IN THE RING?

(5, 5)

• 4 •

WHAT DO YOU HEAR WHEN A CYCLIST IS DEEP IN THOUGHT?

(3, 6, 7)

• 5 •

What's the definition OF A VACCINATION?

(3, 4, 4)

• 6 •

WHAT DID THE LITTLE PEBBLES GO DOWN AT THE PLAYGROUND?

(4, 5)

• 7 •

WHAT DO YOU GET *from a cow that's been pampered?*

(7, 4)

• 8 •

What happens AFTER MUSICIANS DIE?

(4, 2-7)

C	J	E	L	M	C	J	D	H	A	D	T	E	O	A	E
L	R	Q	N	J	S	I	F	I	L	A	U	U	K	U	G
F	B	C	Y	O	Z	R	E	S	Z	I	B	L	U	S	R
B	D	U	K	Z	D	X	C	W	D	R	I	D	H	S	B
A	H	Q	T	U	W	L	H	H	F	M	Z	K	J	F	W
F	I	F	T	H	T	O	L	E	D	B	E	A	I	Z	G
N	Y	K	T	H	E	Y	D	E	C	O	M	P	O	S	E
R	L	J	T	C	C	D	L	L	W	A	Y	X	I	P	F
Z	S	W	R	N	E	I	S	S	A	B	P	B	J	K	A
K	R	V	S	U	O	R	L	T	F	P	A	P	T	P	G
C	V	Q	O	P	A	X	V	U	E	U	Q	J	P	E	E
D	H	Z	S	T	A	D	I	R	Q	C	Z	V	D	R	E
N	S	H	S	I	C	H	A	N	G	E	P	U	R	S	E
M	N	L	T	U	G	E	D	I	L	S	K	C	O	R	X
D	L	F	S	R	E	K	T	N	N	Y	Q	P	F	E	N
A	W	Y	G	F	N	Z	B	G	Y	H	Z	N	O	F	O

• 1 •
WHAT DO YOU GET WHEN A PIANO FALLS DOWN A MINE SHAFT?
(1-4, 5)

• 2 •
What do you use TO CATCH A SCHOOL OF FISH?
(9)

• 3 •
WHAT IS A SOUP'S favorite sport?
(4-3)

• 4 •
What do you do IF YOU'RE HUNGARY?
(5, 3, 4)

• 5 •
WHAT DO COWS TELL THEIR CHILDREN AT BEDTIME?
(5, 5)

• 6 •
WHERE DID THE CREEK STREAM LIVE?
(9)

• 7 •
WHAT DO WALL STREET COWS invest in?
(7, 5)

• 8 •
WHAT KIND OF CLIMBING DEVICE marries into the family?
(4-6)

R P J M G D Y G Z C P N S I A F
B B H W W A H A A J Z S W G S J
Z L W T F R B K B Y G Y J O D U
J K Y C P T O T Y G D R J S N K
M O A R E D D A L P E T S E U G
F O W A S W H O P N N E M N F S
L R C Y D N U P I U L E R W L X
X B E I I O O M Q A H E O K A W
U E O G A V T O T T B R W T U J
O C Q W F A T Y H A P E K A T G
Y A W C L U R C D M S L O P O A
G F U F Q I E W Z F E A O M O U
U J A U A Z N E L C T U B V M M
H D R D C I O G V Q O A Z P T L
G E L D G V D V A T X A Q Y D Y
I Z P B O C W T Y B B B S O Q N

PUZZLE 19

• 1 •
WHAT DOES A NOVEL *wear to keep warm?*
(4, 6)

• 2 •
What do BASEBALL PLAYERS EAT ON?
(4, 6)

• 3 •
WHAT ROLE DID THE HOCKEY PLAYER PLAY IN *A Midsummer Night's Dream?*
(4)

• 4 •
WHAT WILL GOING TO BED WITH MUSIC ON GIVE YOU?
(5, 5)

• 5 •
WHAT DO YOU GET WHEN YOU DON'T REFRIGERATE AN ATHLETE?
(7, 5)

• 6 •
WHAT'S THE PROBLEM WITH LONG FANTASY STORIES?
(4, 6)

• 7 •
WHAT DO YOU GET IF YOU CROSS A STAR AND A PODIATRIST?
(7, 4)

• 8 •
WHAT HAPPENS WHEN YOU GET *a bladder infection?*
(5, 7)

L	N	G	T	T	Y	L	N	Y	B	I	Z	C	D	Q	C
E	L	B	U	O	R	T	E	N	I	R	U	W	P	A	X
K	D	L	O	D	N	O	X	C	K	U	A	A	E	R	C
K	W	J	P	T	O	M	P	I	A	M	W	R	E	M	P
F	W	C	N	Y	G	L	J	S	Z	A	H	B	L	V	T
J	R	X	E	V	A	O	I	X	D	O	N	J	S	G	E
X	Y	W	H	D	R	G	D	D	F	E	U	L	D	V	K
C	Q	L	K	U	D	N	Y	J	B	Q	L	I	N	P	C
G	B	K	V	M	Y	B	Y	F	O	D	X	I	U	E	A
O	G	X	X	Z	E	B	F	Q	M	C	L	G	O	L	J
V	O	G	G	C	H	J	C	D	O	A	T	U	S	P	T
V	Q	B	C	T	T	W	I	N	K	L	E	T	O	E	S
Z	U	Z	M	C	A	O	W	W	C	Z	Q	L	B	U	U
J	W	F	S	F	H	A	I	X	U	H	X	K	G	B	D
K	K	N	C	S	E	T	A	L	P	E	M	O	H	W	S
P	C	X	S	S	Z	E	T	V	Z	A	G	K	S	T	Z

• 1 •

WHERE DO COWS *eat their lunch?*

(4-6)

• 2 •

Where do botanists GO TO COLLEGE?

(3, 6, 7)

• 3 •

WHAT KIND OF **DOTS DANCE?**

(5, 4)

• 4 •

WHAT DO YOU GET IF YOU CROSS **A TRAFFIC LIGHT AND A BONFIRE?**

(5, 6)

• 5 •

IF THE MARINES CAN'T DO THE JOB, *who do you send in?*

(3-7)

• 6 •

WHERE DOES A BIRD **BORROW BOOKS?**

(3, 8)

• 7 •

Where can you find A POLLUTED BELT?

(5, 5)

• 8 •

WHAT WILL HAPPEN TO YOU AFTER TELLING ALL THESE JOKES?

(3'2, 2, 3-5)

X G W G J Y E P H N Y S C V Y H
T L M B A L A N G I S E K O M S
A I D Z C G Z T C V Q A U M A Z
T H E F L Y B R A R Y L C J P O
S U G F L N Y C L J L W M J R I
F W L S G C W K F B Y S X L T J
I V Y L E A G U E S C H O O L S
D R P P S Q U P T L E A X K Y J
X T G L F T U S E U J I T Z L Q
E L P N N O U R Q C H O T P E
L D E N I M V D I W X Z U W N I
B T H S S U B M A R I N E S I Q
E L H O E B U I H K W K V A F K
R E C T Q S S U D E L Q A T Y F
D A D W V T Q J N I W O C H P B
A L Y J J J P M Z W O Z A P L N D

PUZZLE 21

• 1 •
WHERE DOES MOZART
bake his bread?
(9)

• 2 •
WHERE DO AUTOMOBILES
GO TO HAVE FUN?
(3-5)

• 3 •
Which doctor
HAS THE BEST VOICE?
(12)

• 4 •
HAVE YOU BEEN TO
the funny mountain?
(2'1, 4-6)

• 5 •
WHERE DO CLAMS
go to work out?
(6, 5)

• 6 •
IF YOU LEARN ENOUGH OF THESE JOKES, WHAT WILL YOU BE?
(3-9)

• 7 •
WHERE CAN YOU
imprison a skeleton?
(3, 4)

• 8 •
WHERE DID THE TIN MAN GO AFTER HE RETIRED?
(4, 4)

U C B X D D B C C G D E K X R S

J C H H Y H C A E B L E S S U M

P P H O W R P S P B S B M O S W

Q M S O U N Q I A F X W I U T V

E L H S I S R P B S C R G T H I

Z E R V A R P U R C A C J O O B

R V A D N O P Y T L A U M C M B

V L Q U T A C R L D J G N Q E U

O O B S Z G F I A E Y T E E V X

U A N V F I H N Z C I W T J W B

Q U Z F S S E X R Z T H J D Z O

P H P J T V K H Z F O O X R Q G

R R G I A L B H M V R G R B T X

N O Y Y T I T G E L T U B J L Y

M R Z O V T J N P I L R N F R X

Q T B X E Z N T U T S B D M G C

PUZZLE 22

• 1 •
WHICH STATE
IS VERY COLD
in the winter?
(8)

• 2 •
Where do ravens
LIKE TO DRINK?
(7)

• 3 •
IF WE BREATHE
OXYGEN IN THE DAY,
WHAT DO WE BREATHE AT NIGHT?
(5-6)

• 4 •
Which state
IS THE
TROUSER
STATE?
(12)

• 5 •
HOW DO YOU
ORGANIZE
A SPACE PARTY?
(6)

• 6 •
WHEN DOES
A DUCK
WAKE UP?
(5, 2, 4)

• 7 •
WHICH OF
KING ARTHUR'S KNIGHTS
WAS SHAPED
LIKE A CIRCLE?
(3, 10)

• 8 •
WHEN IS
A DOOR
NOT A DOOR?
(4, 2'1, 4)

Q M C E C V O P A X L S Y T N E

N N E L J H N T M D O M O I Z G

T M N E G O R T T H G I N Y Y D

R D R G T I A W A G S A P I O A

Y E R I N J B Z P F D A Q Q W B

I K A G D S W S B V C H C R Q I

P I J T H T O U L V T F F C U L

N V A G D X R Q G F U J X E A G

U P S S I R C U M F E R E N C E

T O T O M F F D P K U J Q C K N

S E I O L V B J J T I L K U O S

P A N T S Y L V A N I A Z P F S

I T E A H V M Y X G W C E W D A

T L H W L W T L C N W P U Z A K

O A W U S P V R D J O G B L W C

W L V R T U N R S V M M N N E

• 1 •

Did you hear about THE CLAUSTROPHOBIC ASTRONAUT?

(2, 6, 5)

• 2 •

DID YOU HEAR ABOUT THE COFFEE **THAT CAUSED TOO MUCH TROUBLE?**

(2, 3, 8)

• 3 •

WHAT LIES AT THE BOTTOM OF THE OCEAN AND WORRIES?

(7, 5)

• 4 •

WHAT DO YOU CALL A GROUP OF KILLER WHALES PLAYING INSTRUMENTS?

(4-4)

• 5 •

WHY DO BEES STAY IN THEIR HIVE **DURING THE WINTER?**

(5, 2, 5)

• 6 •

WHY DON'T COWS WEAR FLIP-FLOPS?

(4, 7)

• 7 •

WHY DON'T YOU *tell pigs secrets?*

(4, 6)

• 8 •

WHAT DO YOU CALL DINOSAUR POLICE OFFICERS?

(7-4)

```
J  X  X  A  C  T  G  L  S  L  R  T  R  M  R  Y
F  C  A  G  R  Q  M  G  P  E  F  A  X  K  F  H
T  N  R  L  I  T  H  E  Y  L  A  C  T  O  S  E
H  F  O  I  C  K  S  I  R  U  Q  R  L  D  M  N
E  L  K  Y  K  A  F  A  L  H  O  N  A  K  F  E
Y  F  P  K  P  G  G  J  C  B  E  T  E  O  B  E
S  P  O  C  A  R  E  C  I  R  T  O  M  C  R  D
Q  Y  D  T  H  S  L  Q  V  S  O  Y  D  L  X  E
U  W  W  K  B  G  P  O  V  H  Y  E  E  U  R  D
E  K  H  X  M  W  U  I  R  I  Y  V  L  H  I  S
A  V  F  F  B  S  H  X  U  G  R  P  W  V  S  P
L  O  Y  S  W  A  R  M  I  N  T  H  E  R  E  A
L  D  K  R  M  S  X  Q  Y  A  W  V  R  L  O  C
L  D  E  D  N  U  O  R  G  S  A  W  T  I  T  E
Y  C  S  F  P  S  V  S  C  T  A  P  D  D  N  E
K  A  O  B  G  G  E  B  N  D  L  I  B  A  R  J
```

• 1 •

WHAT DOES A HOUSE *wear to a party?*

(7)

• 2 •

WHAT HAS FOUR WHEELS **AND FLIES?**

(7, 5)

• 3 •

WHAT DO YOU CALL AN ANCIENT EGYPTIAN?

(3, 4)

• 4 •

What do you call A MILLION RABBITS WALKING BACKWARD?

(8, 8)

• 5 •

WHAT DO YOU CALL A NUMBER *that can't sit still?*

(5, 7)

• 6 •

WHAT DO YOU CALL A SNAIL WITH NO SHELL?

(8)

• 7 •

What's a cupcake's FAVORITE WEATHER?

(10)

• 8 •

WHAT KIND OF NOTEBOOK *does a forest use?*

(4-4, 6)

K X H A L Q D L Q V U A S W T E

T R E E R I N G B I N D E R F T

S I O L O L W A Z I G D L O D I

K D K M Y Z I A H P A R K U A X

P D K L A X B N B C R E L F P W

R L V U E N Z U F H B S J D M Y

O Y W F K C N L G E A S H Y I J

S E S H U X L U B K G S R B T H

Z L M A X J F A M J E M E A V N

U M U K L G G X A E T R Q H D T

L L X G N I L K N I R P S S C A

S A M C G V L U Y F U A F V O L

B Q L R W I G D K A C C L F D U

K I E K P P S V Y O K J A H Q X

E N I L E R A H G N I D E C E R

V W P L D A M Q I T C Z H V E H

• 1 •

WHEN DO
zombies work?

(9, 5)

• 2 •

DID YOU HEAR ABOUT THE
POPULATION
OF IRELAND?

(2'1, 6)

• 3 •

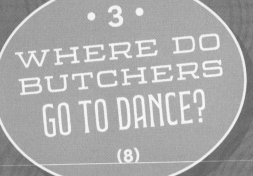

WHERE DO
BUTCHERS
GO TO DANCE?

(8)

• 4 •

WHAT DO YOU
CALL A ROCK
THAT'S 1,760 YARDS LONG?

(9)

• 5 •

What do tectonic plates
SAY TO APOLOGIZE?

(2, 5)

• 6 •

WHERE DO
CAVEMEN GO
to party?

(3, 4)

• 7 •

WHY DON'T
OYSTERS
SHARE THEIR
PEARLS?

(4'2, 9)

• 8 •

WHY ARE EXPLORERS
SO BAD AT BASKETBALL?

(4, 6)

```
C E Y S L O R K U O Q Q I D D B
Z L A S R S E F B I J L K T Q I
P Q G J O T W U K H M M N S H O
P I P R M I L E S T O N E R E J
L V P B A C D A H R G A I N K Q
R X C L E V A R T Y E H T V Z F
G I Q H R J E F P B O O C O K O
C Y T L U A F Y M E A T B A L L
D J L S E D R U A B D H W H J B
A S P C D U T T P R W E C Y M V
N R I H I U V F X B D M E O Y U
O S W D Z P B G M B Y S Y X X X
H G H Y E B T L B I I M H K E N
E U X B F B M X I L S Y B I P S
C E V C A W N B S N B F A U F P
N H S I F L L E H S E R Y E H T
```

• 1 •
HOW DO YOU CATCH a squirrel?
(3, 4)

• 2 •
HOW DO PRISONERS CALL EACH OTHER?
(4, 6)

• 3 •
Why shouldn't you BUY VELCRO?
(2'1, 1, 6)

• 4 •
WHY DON'T SKELETONS like scary movies?
(2, 4)

• 5 •
HOW DID THE EGYPTIANS select the next pharaoh?
(7, 6)

• 6 •
WHY DON'T MELONS GET MARRIED?
(4, 10)

• 7 •
WHY DON'T CANNIBALS EAT CLOWNS?
(4, 5, 5)

• 8 •
How long does A JOUSTING MATCH LAST?
(5, 6, 4)

```
F F O P I R A S T I U G Y O U D
D H S S L V G F H C L C B E N D
N J E Q K U X T E I V E M H T V
A K H S N T C L Y S J E Z X I D
K G K M H W L S T A H G Z O L O
O D P D B P N P A C K Y Y O K T
H Y S N H G P H S C I H L I N H
T Y E O O S N D T T G E D C I S
P N N L V N I D E N U G W I G A
G E C L I M T A F F Y N X W H G
S O V B A Z S T U G O N T B T B
C G R R U I R O N L L C Z C F E
J M Y G C V E Q N U P S K V A M
U P B F R K A B Y X S X N V L Q
T H E Y C A N T A L O U P E L P
T J F Z J X D L A G H U N K H O
```

• 1 •

WHAT DO SNOWMEN DO IN THEIR SPARE TIME?

(5)

• 2 •

WHY DID THE PONY DRINK SOME WATER?

(2'1, 5)

• 3 •

WHY DID THE POLICE OFFICER STINK?

(2, 3, 2, 4)

• 4 •

WHY DID THE GOLFER *change his pants?*

(4, 2, 3)

• 5 •

WHY DOES MOON ROCK TASTE BETTER THAN EARTH ROCK?

(2'1, 6)

• 6 •

WHAT DO LAWYERS *wear to court?*

(8)

• 7 •

Why was the math book IN THERAPY?

(4, 2, 8)

• 8 •

Why did the bicycle FALL OVER?

(3-5)

```
C D L B B I U S G G W I Y J L C
W K F D I C Q Y N X U H L A R A
W Q E H P F S L G R I C W U C Q
E E D S S H L R R U N S K O E K
B G D E R I T O W T U N U N V X
F W S E H O T N Z I P Q O G Y U
M B R C E O H S T A G M Z D Y F
L V A D W G L S M F I C A Y B C
U J O C A G S E E E Y J U T U A
O P M D S F K L I H T A F K Y S
H L O F O B U P K N L E L A F M
A D Q U N G H C N U O V O P S B
W A C U D R D I B K H N G R P H
E J H P U M R K D B M E E J L J
B H L O T S O F P R O B L E M S
H G T E Y F L A M O J G F I Y I
```

· 1 ·

WHAT DID THE BUFFALO SAY WHEN HIS BOY LEFT FOR SCHOOL?

(5)

· 2 ·

WHAT DID THE FISH SAY *when he ran into the wall?*

(3)

· 3 ·

WHAT DO YOU SAY TO A HITCHHIKER **WITH ONE LEG?**

(3, 2)

· 4 ·

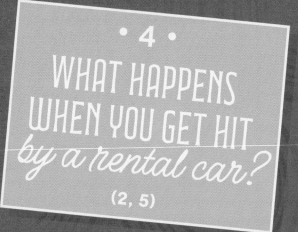

WHAT HAPPENS WHEN YOU GET HIT *by a rental car?*

(2, 5)

· 5 ·

WHAT STATE HAS THE SMALLEST *soft drinks?*

(9)

· 6 ·

What side of a duck HAS THE MOST FEATHERS?

(7)

· 7 ·

WHAT KIND OF TEACHER *never farts in public?*

(7, 5)

· 8 ·

WHAT'S THE BEST TIME TO GO TO THE DOCTOR?

(5, 5)

```
X W R U P B O D M G T L X L J T
T E C K I R S A A G A Y V R T U
R Y N T Z Q I Y Y R U U X O X H
U S K Z S I Y V H W O Q E I W Z
D Q T B K L E S A D T C T B L C
O C M S P T N T N T Q N W V A D
I T G K E D O J I R E Z Z T S L
R G Y P P S A O W S N T S X N I
S S D R E W U K T Z E U U Y I P
Z D G N S C B O T H E Q L T P C
P N N R Y P Y R K X H A H L O Y
B I Q N D W E N E R C U Y J H R
M H P O B H S L A B J T R E I U
P A I S T W G X N W I E X T U D
Z E D I S T U O A X W P Z R Y J
A T Q B Y W R E S A E N B B J R
```

• 1 •

WHAT DID THE PIRATE SAY WHEN HE TURNED EIGHTY?

(3, 5)

• 2 •

WHAT'S THE DIFFERENCE BETWEEN IGNORANCE AND APATHY?

(3'1, 4, 3'1. 4)

• 3 •

What do ALEXANDER THE GREAT AND WINNIE THE POOH *have in common?*

(6, 4)

• 4 •

WHAT DO YOU CALL A HIPPIE'S WIFE?

(11)

• 5 •

WHAT DO YOU CALL CHEESE *that isn't yours?*

(5, 6)

• 6 •

WHAT DO PORCUPINES SAY *when they kiss?*

(4)

• 7 •

WHERE DOES A CHESS BOARD GO WHEN IT NEEDS MONEY?

(4, 4)

• 8 •

WHAT DO YOU CALL A BULLFIGHTER WITH A RUBBER TOE?

(7)

```
S V Y B B Z L Q J L U Q O P G D
O E G G C P Y E T A M E Y A O Z
O B M X Q T D L M I J U B N T G
K T B J A P A W N S H O P T J T B
E Q P H V C J S O C Q K P R V E
Z Q S K M U I B R U N E G F M H
K T R J O S R D R O D S D A X M
C Q W O S T K V W P B E N N I H
X E N I Y C T D C P U E F Y Q S
A V P Z S B O R N C L H R J M Q
A P P P F N P A U D H C W T U D
I O D D T C C B D V X O T G O Y
A X I C W N L I G C U H T N D P
O K A X F U M Z A T G C K F E S
E R F F V D F T D Q R A A X Y X
E T L W G L O K B K P N V D Y L
```

· 1 ·

WHAT DO YOU CALL A COW THAT ATE *a stick of dynamite?*

(10)

· 2 ·

WHAT KIND OF DOCTOR FIXES MUMMY'S BACKS?

(5-7)

· 3 ·

WHAT DO YOU CALL A MAN WHO TAMES LIONS?

(6)

· 4 ·

WHAT'S BROWN AND *sounds like a bell?*

(4)

· 5 ·

DID YOU HEAR ABOUT THE TENSE MUMMY?

(2'1, 5, 2)

· 6 ·

WHAT'S SMALL AND ROUND AND WHISPERS?

(6, 6)

· 7 ·

Who married A HAMBURGER?

(5)

· 8 ·

WHAT DO YOU CALL A FRENCHMAN WALKING ON THE BEACH?

(8, 4)

```
M N A G A J G A Q I P I G R A V
U I R E G K R Q P E N G M N R S
M N G Q Y S O C G D W S U V U B
V T Q V R M T S V H N X N D K Q
R H K L L D C N G H H C S F T W
A Q T J A G A Y J E E S C L T Y
Q H S I D A R E S R A O H K U K
C U D E F R P W R D G Y W N K W
Q L X G J E O Y H A A V W M D M
U Y A N Q U R G R L J E T O V W
B T A U N L I G S P L Q R V O A
L T A D D X A B O M I N A B L E
O A U D X E C T G F T H X O R B
A P H I L L I P E F L O P L N M
A Q M A Y T Q N G N M H B V N S
F Z Z N O K E B U C Z G B V P J
```

• 1 •

DID YOU HEAR ABOUT THE SKELETON WHO THINKS THE WORLD IS FLAT?

(4, 5)

• 2 •

DID YOU HEAR ABOUT THE FROG **WHO DOUBLE PARKED?**

(2, 3, 4)

• 3 •

DID YOU HEAR ABOUT THE MAN **WHO FELL INTO AN UPHOLSTERY MACHINE?**

(2'1, 9)

• 4 •

DID YOU HEAR ABOUT THE CAR THAT CLIMBS MOUNTAINS?

(2, 5, 8)

• 5 •

Did you hear about **THE BOSTON SILVERSMITH?**

(6, 6, 3)

• 6 •

DID YOU HEAR ABOUT *the zombie baker's* PASTRIES?

(2, 3, 3)

• 7 •

HOW DID THE ICE THIEF *get away?*

(3, 5)

• 8 •

WHAT HAPPENED TO THE ATM THAT WAS *addicted to money?*

(11)

```
Y E A X Q W S I M Z A S L K T C
W I T H D R A W A L S Y X U S I
J P E H E M E J E F B A J I D J
S L C A Q S P Q L A H W N U P Y
Z E D S Z V R U H X B H I R Y I
U A E W B F X E Y O Z G K J T N
F D A Q K B G J C T X I K Z H X
B X D A V O Y G O O Q H P L A C
Q E W O T Z Q N V D V S U V J W
I M R T D R J G U I R E M N R H
B T O V I V I R V E G K R N R R
F A N M G K Q I S F Y A L E X O
D Q G B K C I L S O O T U T D X
M L S B D L U Y P R I T E M S G
D S C A K Q T K H I A I K G A H
M I H E R E V E R E L P O E P P
```

• 1 •

WHY DID THE ROBBER GIVE THE MONKEY BACK HIS WALLET?

(5, 6)

• 2 •

WHY WOULD PROMETHEUS *make a good mailman?*

(2-8)

• 3 •

Why was emo music **POPULAR IN ROME?**

(5, 7)

• 4 •

WHY DID THE BANANA LEAVE THE PARTY EARLY?

(3, 2, 5)

• 5 •

WHY WAS JULIUS CAESAR AFRAID TO GO TO THE DMV IN THE SPRING?

(3, 2, 5)

• 6 •

WHY DID THE DROWNING PHARAOH REFUSE **TO ASK FOR HELP?**

(2, 2, 4)

• 7 •

DID YOU HEAR ABOUT THAT NEW BAND 923MB?

(2, 3, 3)

• 8 •

WHAT DID THE MOP SAY WHEN THE BROOM BOUGHT IT A PRESENT?

(2, 5)

```
J P Q S V M H K Z G U T I F V V
X W Z I B K T D Y P J U C D G D
E R C K A G C F H S D H K A E F
S G M A O V H A D T O S P L I T
X Y O E P N Y M M L P U I C S J
Q H E T X U O N Y A E V E Z U B
U T R X H H E L I N E D N I L U
F B J E Y S A M T R W F D D K R
Z Y S Y E G I D I J S Q V S W D
T E Y G I G O N Y W O A M O Y B
A V I W A M G D V P S R J F H M
C P C H I M P C H A N G E M Z I
X K Y J Q U X R X E D R Q A G I
D A H S U W G B X J Y E F R V F
V Z F U Q S I H Q K R W D C V N
N S G U M B D J Q V Y T F H I
```

• 1 •

WHY DOES A GIANT ALWAYS APOLOGIZE FIRST?

(6, 6)

• 2 •

WHY WAS THE POKER PLAYER ARRESTED?

(7)

• 3 •

WHY WAS the Liberty Tree cut down?

(4, 7)

• 4 •

WHY DID THE SOCCER PLAYER QUIT HIS JOB?

(2, 5)

• 5 •

WHY WAS THE BASKETBALL PLAYER bad at fishing?

(7, 3, 3)

• 6 •

WHY COULDN'T MARK ANTONY USE HIS CELL PHONE?

(5, 4)

• 7 •

WHY CAN'T YOU FIND PARKING IN ALASKA?

(4, 4, 4)

• 8 •

WHY SHOULD YOU NEVER SHOP AT A NOTEBOOK STORE?

(3, 4, 5)

B M W S E N W V W W E T F D Z T

G K U E L O Y H J X R R M N Q P

Z T M N O S A B E W Z B O J K X

Z W X I W R C T P E D R O R S G

K J X L Q E A P A P T X R V N P

N Q H Y X P S Y A D V G E L S O

O P O N C R Q L W G N E R V N Z

S O G A F E W V A S M A O E H G

E Y I M G G L O Q O C Z M T V P

E D H O K G W L R O G C W O A R

R R J O O I P A P N U O O A R Q

T E N T U B G N I H T O N Y H U

H R P F R J U L B W D F S D B U

G F I B I E A O T T Z Q N O G F

I S M L X E H S Z G K B Q A Q Q

H W E J D C Q Z R A C C T P H V

• 1 •

WHY DID THE SITCOM ABOUT AIRPLANES *never take off?*

(3, 5)

• 2 •

WHAT DO YOU CALL A ROMAN LEADER PUTTING ON CLOTHES?

(6, 8)

• 3 •

WHY DID THE COFFEE *file a police report?*

(3, 6)

• 4 •

WHAT DO YOU CALL A CHIMP WITH A BAD SPRAY TAN?

(9)

• 5 •

WHY ARE THERE **NO GOOD JOKES ABOUT DOGS?**

(3, 3-7)

• 6 •

Why did the period BREAK UP WITH THE APOSTROPHE?

(3, 10)

• 7 •

WHAT DID THE PHARAOH'S MOTHER *say when she was disappointed?*

(3, 3)

• 8 •

WHY DID THE MAN NAME HIS DOGS **ROLEX AND TIMEX?**

(5, 4)

D	O	V	N	J	T	O	S	W	T	J	R	B	T	Z	Y
Z	Q	J	A	U	F	R	Y	O	V	J	T	H	Y	L	D
R	X	Q	T	X	A	J	L	A	R	G	B	H	Q	E	C
G	W	T	U	D	C	I	Q	C	Z	I	Q	R	H	E	U
O	U	Y	G	X	P	H	L	Q	Y	W	C	C	E	S	K
T	M	W	N	D	T	V	Y	E	V	Z	T	Z	V	W	F
M	S	C	A	E	S	A	R	D	R	E	S	S	I	N	G
U	V	B	R	T	O	U	D	Q	F	Y	V	W	S	O	F
G	I	E	O	L	C	X	H	R	C	L	A	D	S	M	L
G	P	X	W	D	T	H	A	Z	S	V	A	H	E	V	X
E	D	O	U	T	O	F	D	W	H	K	O	U	S	N	X
D	O	G	S	X	O	N	X	O	R	T	B	L	S	C	T
Q	U	A	M	O	V	N	T	T	G	J	Z	F	O	Y	V
A	E	S	T	W	F	W	F	Y	A	S	B	M	P	R	B
T	E	V	I	S	S	E	S	S	O	P	O	O	T	W	L
M	K	G	R	P	E	D	E	S	R	Y	G	F	O	U	B

• 1 •

WHAT DO YOU CALL THE VICE PRESIDENT IN WINTER?

(5, 4)

• 2 •

WHAT DO MATHEMATICIANS USE TO CLEAN THEIR HOUSES?

(8, 8)

• 3 •

WHAT DO YOU CALL AN ELEPHANT that doesn't matter?

(11)

• 4 •

WHAT BIRDS FLY TO LISBON FOR THE WINTER?

(10)

• 5 •

What do muskets DO IN THE BATHROOM?

(6, 5, 5)

• 6 •

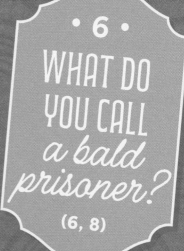

WHAT DO YOU CALL a bald prisoner?

(6, 8)

• 7 •

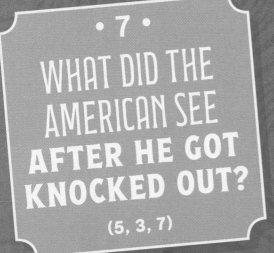

WHAT DID THE AMERICAN SEE AFTER HE GOT KNOCKED OUT?

(5, 3, 7)

• 8 •

What is Peter Pan's FAVORITE RESTAURANT?

(5'1)

```
V S M O O T H C R I M I N A L Y
L E C C X R S G S R H H S S C E
I S B R V W I U N Q S N T E S R
N O I T U L O S G N I N A E L C
D N Q B S G F B A D R A R B Q W
F R R O L G A K B A R T S F C Y
C I M Q L Q M K S O M S A P J I
V E Z C U Y E X N V L Y N Q P C
O H N O G Z C B G H B J D M C B
U T L C U W U V E S X J S C G E
F R L K T R F A S Q V R T M K Q
J E Z I R V P E X Y P P R U R H
J D O F O G X A Y P D F I M R Z
C W W U P C X P P Q Q N P O P X
M O M Z X T N A H P E L E R R I
Q P L V U X T X G V N S S W Q N
```

· 1 ·

WHAT DO YOU CALL A SNOWMAN with a six-pack?

(9, 7)

· 2 ·

WHAT IS BEETHOVEN'S FAVORITE FRUIT?

(2-2-2-2)

· 3 ·

WHAT DO YOU CALL IT WHEN PRISONERS TAKE THEIR OWN MUG SHOTS?

(8)

· 4 ·

WHAT DO YOU GET WHEN YOU CROSS a snowman with a vampire?

(9)

· 5 ·

WHAT DO YOU CALL A FAKE NOODLE?

(7)

· 6 ·

WHAT DO YOU CALL A MAN with no nose and no body?

(6, 4)

· 7 ·

What do you call A FISH WITH TWO KNEES?

(3-4, 4)

· 8 ·

WHAT DO YOU CALL a belt with a watch on it?

(5, 2, 4)

A	W	S	W	H	G	K	A	E	M	M	B	S	G	N	F
I	O	T	O	A	T	N	T	Q	X	X	P	E	U	U	B
A	H	B	X	H	S	I	F	E	E	N	K	O	W	T	V
L	S	B	U	J	B	M	N	A	N	A	N	A	N	A	B
C	Q	W	S	T	O	P	N	R	P	P	I	U	Z	D	F
I	E	K	S	U	E	A	N	N	P	S	O	L	I	W	H
R	X	O	M	N	C	S	Z	K	T	C	H	Z	S	E	I
J	R	U	V	F	S	T	O	O	L	X	B	N	D	F	Q
F	D	O	Z	X	X	A	F	N	H	W	B	O	W	T	L
J	M	S	C	N	N	T	S	G	Y	M	D	L	D	R	P
D	G	U	R	B	I	B	E	T	E	D	A	L	V	B	Y
A	B	D	O	M	I	N	A	L	S	N	O	W	M	A	N
C	R	C	E	L	L	F	I	E	S	O	S	B	J	V	R
T	A	I	G	N	E	G	Q	Z	W	Y	L	X	O	N	M
A	Q	S	Q	K	E	V	K	O	S	A	I	K	I	N	D
B	D	H	Y	P	L	S	D	Q	P	R	X	Q	F	U	Y

• 1 •

WHAT'S THE DIFFERENCE **BETWEEN A POOR MAN ON A TRICYCLE** AND A RICH MAN ON A BICYCLE?

(6)

• 2 •

WHAT DO YOU CALL IT WHEN SOMEONE WHO DOESN'T HAVE ANY KIDS MAKES A DAD JOKE?

(4, 2)

• 3 •

WHAT DO YOU CALL A FISH *with no eyes?*

(3)

• 4 •

WHAT DO YOU CALL SOMEONE *who has ten ants?*

(8)

• 5 •

WHAT DO YOU CALL *a pile of cats?*

(4-4)

• 6 •

WHAT DO YOU CALL *an explosive horse?*

(5-4)

• 7 •

WHAT DO YOU CALL **A HORSE THAT MOVES AROUND A LOT?**

(8)

• 8 •

WHAT DO YOU CALL IT WHEN **THE LETTER A USES THE BATHROOM?**

(5, 8)

```
J P H L G Z D O G Y Y S Q T Z V
Y Z A K V V U O C G F P Y I H N
V U M A M L Z Q T V O J J V Z H
H A C K B X W K N Q A M R Q G E
G U H L X C S A E Q S J U C C D
Q P N F M B A Y M Y Z D X V K X
C E F S H D G N E I G H P A L M
S G O Q T Z I P V F N O F Z A X
K A P X U A F N O X P M A G N X
C G U W T T B L M M P E F U D F
V X F W T T T L L P R H P G L D
R H O R U I H G E V K A H U O N
Z E C I R R X P W N K D C Q R A
M U I X Y E O F O J V J L C D N
U O X Z I A H G V C A R H V P O
S N S C T A L Z V I V O L G W A
```

• 1 •
WHAT DO YOU CALL IT WHEN A SNOWMAN IGNORES YOU?
(4, 8)

• 2 •
WHAT DO YOU HAVE TO DO WHEN YOUR FRIENDS WON'T GO TO KARAOKE WITH YOU?
(4, 5)

• 3 •
How much does A HIPSTER WEIGH?
(9)

• 4 •
WHERE DO COWS GO ON DATES?
(7)

• 5 •
DID YOU HEAR ABOUT THE YOUNG MAN'S INTERVIEW AT THE CONSTRUCTION SITE?
(6, 2)

• 6 •
WHY CAN'T YOU FIND PARKING at the library?
(10)

• 7 •
HOW DO EGYPTIAN ANTS COMMUNICATE?
(12)

• 8 •
WHAT WAS THE KING'S favorite kind of weather?
(5)

```
I  M  F  E  N  J  M  S  V  N  S  S  Q  X  N  I
S  A  B  L  P  G  B  D  A  U  K  F  Z  N  B  B
T  R  V  M  C  E  Q  G  I  W  I  O  Q  U  K  L
P  G  B  N  S  P  U  O  Y  E  Y  H  D  E  A  F
Z  A  A  T  T  E  L  O  E  H  L  E  R  N  O  N
Q  T  I  D  E  L  I  A  N  H  K  Q  G  O  U  E
C  S  N  G  X  W  O  V  R  O  N  G  J  L  V  H
I  N  U  L  R  T  K  J  O  Q  O  G  M  A  H  Y
Y  I  B  C  J  O  F  B  W  O  C  E  I  T  J  O
R  E  K  P  H  A  R  A  O  H  M  O  N  E  S  C
T  G  Z  P  D  E  S  C  F  J  S  U  H  U  R  N
Q  H  C  Y  V  G  N  F  I  K  Z  P  H  D  W  E
G  D  C  O  L  D  S  H  O  U  L  D  E  R  X  K
X  W  A  J  Q  Y  I  I  I  F  B  V  J  Q  N  E
M  B  D  B  G  H  T  G  S  W  O  R  Q  S  P  E
U  C  B  C  H  A  W  Z  E  A  Z  Y  P  D  S  S
```

PUZZLE 39

• 1 •
WHAT DO VAMPIRES *learn in school?*

(5-3)

• 2 •
WHAT DO YOU CALL THE COMEDY NIGHT AT THE BAR?

(8)

• 3 •
DID YOU HEAR ABOUT THE ROBBERY *at the pet store?*

(2, 5)

• 4 •
HOW DID THE MOUSE DO ON HIS MATH TEST?

(8, 2)

• 5 •
WHERE CAN YOU BUY CHICKEN BROTH IN BULK?

(5, 6)

• 6 •
WHERE DO YOU LEARN *to make ice cream?*

(6, 6)

• 7 •
WHY DID THE FOOTBALL PLAYER BUY A FEATHER MATTRESS?

(2, 9)

• 8 •
HOW DOES THE *rodent company* ADVERTISE?

(4, 2, 5)

```
R F Y N Z Z O V J O M E W P Q Y
Q S F B R E W H A H A T U K B B
G L N O D V T E X G E W Q Z K O
N U O D M E Z P W K L N B Z E F
M Y O O M I K K R W O D G T S O
T A B A H P L A P L X O U S U N
R N O P O C M E E R O J Z I O E
I Z L X B K S A L U M R B Q M J
H N R K C H D E Z V Q L S W F D
Z L B O S S X K A A I S L G O X
Y Z T O A X D V G D P S C S D N
S S W O U F K C T S N P X E R F
N Z U N T N W O D H C U O T O T
A L J X P U U E E L H S S D W V
L U V E I M D Q Z V H E A T C J
I L Y V K K T F W L E O M N B F
```

PUZZLE 40

• 1 •
WHAT DID THE VEGAN ZOMBIE SAY TO THE GRAIN FARMER?
(5)

• 2 •
WHAT DID THE BAKER GIVE HIS WIFE *for Valentine's Day?*
(6)

• 3 •
WHAT DO YOU CALL A CAR TAKING A TEST?
(4, 5)

• 4 •
WHAT DOES A CHICKEN USE TO RESEARCH?
(13)

• 5 •
WHAT DO YOU CALL A CONFUSED EGG?
(9)

• 6 •
WHAT'S AN ASTRONAUT'S FAVORITE KEY ON THE KEYBOARD?
(5, 3)

• 7 •
WHAT DO EGGS SAY *when they pull a prank?*
(5, 2, 3)

• 8 •
WHAT DO YOU CALL A BUG THAT WON'T DIE?
(6)

L	K	A	G	F	N	I	B	X	Z	X	K	B	R	C	X
I	B	K	I	E	G	N	W	D	N	C	Y	Q	G	U	R
G	W	C	O	D	F	Q	O	Y	X	Y	S	N	H	C	X
I	I	H	H	Y	E	W	E	S	G	B	Z	W	U	E	A
M	J	B	C	O	S	P	Q	X	N	R	M	H	N	U	D
R	J	Q	B	G	I	O	X	R	A	S	H	H	E	E
N	A	R	X	H	M	S	C	L	Z	U	R	W	L	G	Q
G	O	B	S	L	S	Y	V	C	O	K	B	H	H	W
V	S	O	E	Y	D	O	M	O	V	Y	M	T	T	J	U
L	W	R	W	C	O	O	F	I	D	A	C	B	M	U
X	D	K	U	D	A	D	S	E	R	E	P	N	E	B	F
V	O	G	B	O	R	P	O	C	F	D	C	O	E	E	B
Q	K	R	Y	O	L	K	S	O	N	Y	O	U	Q	H	W
H	O	Y	F	U	H	F	A	J	I	F	O	C	I	Q	K
L	B	C	C	R	Q	N	Y	K	B	Z	A	Z	V	R	E
Z	B	S	D	C	X	M	G	Q	L	W	Y	A	U	V	M

• 1 •

WHAT DO YOU CALL BUGS *that do math?*

(12)

• 2 •

WHY CAN'T THE PIRATE **SING THE ALPHABET?**

(2, 4, 4, 2, 1)

• 3 •

Why can't Handel GO SHOPPING?

(2'1, 7)

• 4 •

WHAT'S DR. JEKYLL'S **FAVORITE GAME?**

(4, 3, 4)

• 5 •

WHY ARE IMPRESSIONIST PAINTERS *always broke?*

(2, 5)

• 6 •

What's a bird's **FAVORITE SCHOOL SUBJECT?**

(3-5)

• 7 •

WHAT'S A BALLOON'S LEAST FAVORITE KIND OF MUSIC?

(3)

• 8 •

WHAT'S A FORTUNE TELLER'S *favorite kind of dessert?*

(5, 4)

```
D J I E K A C T O R A T I W L B
H E L A V A D E L A E L T L O V
P H J P V G C W R N J C L K K U
H E T B K I O K O M L L E K V V
Z S F E U T N M C Q P E Z R N E
L B K M A Y O X B F S J Y B Q A
K A J C L N W D H D D L J P O V
Q R P R I F L P N X R Z B B J Z
T O U G U T G A F B M V K B Y N
P Q S H E G E T S L O S T A T C
V U T L C D B M O B R U K V I J
P E I C Y M R A H K E D J H J D
R I L H P T A A I T T K H S J H
G X N N T Q K Z V Y I U H D Q D
R V K Y X U B M Q M J R A L F D
T F C E P Z Z S T J C D A P Y T
```

• 1 •

WHY WAS THE VAMPIRE GRUMPY?

(3, 8)

• 2 •

WHAT KIND OF BIRD LANDS ON CHURCHES?

(4, 2, 4)

• 3 •

WHY DOESN'T THE YARN *like horror films?*

(2'1, 1, 6)

• 4 •

WHICH STATE HAS THE MOST HIGHWAYS?

(4, 6)

• 5 •

What is a bookcase's **WORST TRAIT?**

(5-7)

• 6 •

WHY WAS THE COUPLE'S CAMPSITE *always stressed?*

(3, 2, 5)

• 7 •

WHY SHOULDN'T YOU CHANGE YOUR PASSWORD TO "FOURTEENDAYS"?

(2, 4)

• 8 •

WHY WAS THE TAILOR *late to the ball?*

(5, 1-5)

```
Y  P  N  S  C  U  C  H  U  Q  E  W  B  Q  Q  M
Y  I  T  S  A  F  R  A  Y  E  D  W  L  W  G  I
X  X  H  E  H  O  A  Q  N  A  P  S  Y  E  S  O
A  M  X  R  V  E  D  U  T  I  T  T  A  T  A  B
X  N  S  D  Z  R  L  F  O  N  E  J  R  P  B  I
K  X  J  A  O  O  V  F  E  Q  Y  M  P  B  T  U
M  P  P  G  X  A  G  T  S  Q  Q  U  F  W  D  R
C  C  V  N  A  D  N  W  B  E  O  X  O  D  Z  D
N  E  L  O  E  I  U  G  S  B  R  W  D  S  F  N
P  R  A  R  O  S  N  K  I  L  E  V  R  T  A  G
I  M  C  W  P  L  V  A  Q  E  Q  I  I  L  H  B
Q  E  T  M  Q  A  O  N  K  Q  H  T  B  N  Z  G
W  S  N  O  R  N  X  S  E  G  Z  B  C  R  G  J
A  B  B  H  X  D  X  R  F  T  U  K  G  I  T  P
J  W  Q  D  D  C  B  H  A  I  I  I  M  Q  X  Y
U  G  R  G  U  A  P  O  S  F  O  J  W  H  C  K
```

• 1 •

WHAT IS A
SOUP'S
favorite sport?

(7)

• 2 •

WHERE DO
BABY GHOSTS GO
DURING THE DAY?

(3, 5)

• 3 •

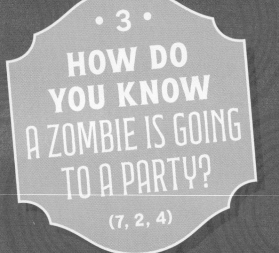

HOW DO
YOU KNOW
A ZOMBIE IS GOING
TO A PARTY?

(7, 2, 4)

• 4 •

*What does a
bath towel*
DO ALL DAY?

(4, 3)

• 5 •

WHO DOES
A GHOST
GO ON A DATE WITH?

(3, 11)

• 6 •

WHY DO CAKES
smell so good?

(4, 2, 5)

• 7 •

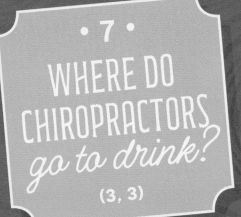

WHERE DO
CHIROPRACTORS
go to drink?

(3, 3)

• 8 •

WHY DID THE
PLANE REPAIR SHOP
GO OUT OF
BUSINESS?

(5, 4, 3)

```
Q A O R Q J A J X K W R K N K I
L V N D R E S S E D T O K I L L
H S O Z U T S I M E U L V J O W
Z Z K U O N H Q S F O L F K O C
E T D J L U M B A R G N S U R S
Q R M N F E L E E V N E D N H J
T E A E F H S J Q G A V E E V Z
V Q D C O D L W F B H E J K J Z
E B H I S G H O U L F R I E N D
J R C B T Y R L O H M T H R Z B
H G R N O L A D S Y U O L T O M
B W F S L W D D S X I O H O B G
A R M M A A L M G A U K R O L A
A C V C P E A I V M C O X H H B
M V V T X S K V N O A F F O K D
P T F A I A L I H G D F R F L I
```

• 1 •

WHAT WAS THE FROG'S JOB AT THE HOTEL?

(7)

• 2 •

WHAT GOT THE SHOE into heaven?

(4, 4)

• 3 •

WHAT DID THE BIG FLOWER say to the little flower?

(3, 3)

• 4 •

WHY WASN'T THE CAT A GOOD STORYTELLER?

(4, 3, 4)

• 5 •

WHAT DO YOU CALL A CLASSY SEA CREATURE?

(13)

• 6 •

How does one sea GREET ANOTHER?

(4)

• 7 •

How does A MOTORCYCLE LAUGH?

(8)

• 8 •

WHAT DID ONE MAGNET say to the other?

(3'2, 10)

N S E S D A V Y R J V F U P F W
V T V Q W M P C Y L C K D G U Y
Y M Y A M A H A H A J G E S C J
B C V Y B M V Q X O H J T J P C
H E Y B U D S C G V E H A D C O
Q L L T R D M J I F Z R C A Q A
X O N L Y O N E T A I L I O B U
N S J I H I B B G J X W T R I D
B D Q Z X O H U V D K E H Q M U
V O Z H K C P D H R P J S Z S O
Y O U R E A T T R A C T I V E A
T G S X V V Q R L G W T F S N W
Q U M A Z L X K B C V M O J V L
O L B V D O Y W M C R Q S B O K
N N C X N F A Y B A A T N R Z J
X F D L W R F B G A Z V H E W F

• 1 •

HOW DO THEY MEASURE THINGS ON FARMS?

(4, 5)

• 2 •

WHAT DO YOU CALL AN ALLIGATOR WHO'S A THIEF?

(10)

• 3 •

WHY AM I ONLY FRIENDS WITH TWENTY-FIVE LETTERS OF THE ALPHABET?

(3'1, 4, 1)

• 4 •

HOW DOES A BASKETBALL PLAYER *eat a cookie with milk?*

(5, 2)

• 5 •

WHY DID *the ocean cry?*

(2, 3, 4)

• 6 •

WHAT DOES A JOKE TELLER *eat for breakfast?*

(3-5)

• 7 •

HOW DO YOU CALM DOWN A CRYING BABY ALIEN?

(6, 2, 5)

• 8 •

WHAT DID ONE GLACIER SAY TO THE OTHER?

(3, 4, 3)

```
U L R P I F S T U L Z W B K R J
K S L U H F K H V F Z D T W P Q
Z X U P G B O Z P C Z D P B W E
V O D S I T W A S B L U E T O H
R X A Z H Y C S W X N G E V M Z
P S O Y Q D S J T C J A L Q S B
F S D R A Y N R A B B S H P H
P D O E M Q Y K X L F R O W N X
F B N M S W E M S D P Q T B K G
V X T V K S T H S U U T T I H X
U Y K R M M M Z F K P N E M U A
G E N M D D M G A K A T K G Z T
P U O E L I D A K O O R C S B G
E V W X E C I K O O L U O Y I A
E A Y G V H C R Y T Q T R N G T
B N Z T R W U U Q N Z L J Z N J
```

• 1 •

WHY DID THE EGG COMEDIAN FAIL?

(3, 5)

• 2 •

WHAT'S THE BEST PART *of sign language?*

(2'1, 5)

• 3 •

WHAT DID ONE NEEDLE SAY TO THE OTHER?

(7, 5)

• 4 •

WHY IS THE ORCHESTRA A DANGEROUS PLACE?

(4, 2, 7)

• 5 •

WHAT DO YOU CALL *a goose in a tuxedo* WHO TELLS LIES?

(10)

• 6 •

WHAT'S A CAT'S *favorite color?*

(7)

• 7 •

WHY WAS SIX *afraid of seven?*

(5, 3, 4)

• 8 •

WHAT DO YOU CALL A DINOSAUR THAT KNOWS A LOT OF WORDS?

(9)

```
T  P  O  X  A  X  D  L  I  Q  B  B  X  A  Z  C
W  J  D  C  E  Z  L  T  I  F  G  T  D  R  J  D
W  Z  R  L  O  T  S  O  F  V  I  O  L  I  N  S
B  C  M  K  M  H  E  K  T  P  B  D  X  D  U  K
R  O  X  H  A  M  V  H  L  R  N  C  Y  S  K  H
Z  V  J  N  R  N  E  D  O  O  O  Q  E  H  H  T
U  C  D  I  P  S  N  X  O  P  Y  S  G  M  V  N
F  Y  O  K  A  K  A  L  K  A  D  D  Q  B  S  Q
F  W  D  U  X  J  T  X  I  G  I  R  A  G  G  L
F  F  R  G  E  D  E  W  N  A  Z  B  L  B  E  O
J  U  H  W  O  B  N  G  G  N  L  I  F  L  Q  Z
S  C  F  H  U  H  I  M  S  D  W  P  P  X  D  E
S  L  J  K  I  A  N  H  H  A  L  R  H  G  U  M
O  T  J  K  Q  J  E  J  A  G  R  Z  O  P  N  T
J  D  F  I  Q  I  M  G  R  U  V  M  F  H  X  F
T  W  J  G  G  Q  F  X  P  U  G  L  G  G  K  B
```

· 1 ·

WHAT'S THE **LOUDEST PET** YOU CAN HAVE?

(1, 7)

· 2 ·

WHAT DOES A MULE USE TO GET OPEN A LOCKED DOOR?

(3-3)

· 3 ·

WHY DO PEOPLE *play soccer?*

(3, 5)

· 4 ·

Have you heard the new VEGETABLE JOKE?

(2'1, 5)

· 5 ·

DO YOU UNDERSTAND *the sea's philosophy?*

(2'1, 4)

· 6 ·

WHAT KIND OF BREAD **DO YOU WEAR ON YOUR FEET?**

(7)

· 7 ·

WHAT DO YOU CALL **TOO MANY DOGS?**

(9)

· 8 ·

WHAT HAPPENED TO THE *submarine business?*

(4, 1, 4)

```
M V R E H U M J K F G Y S F O F
K P F X F T I V N E K K C W D Z
B Y H W W X O T V S C K E I P H
Q I A E T X X R S I Z H U N D G
Y G T S H V M M K C L T V E H V
Y L R E S O D R E V O R B W U G
C I U I N J O K I O A R R I E U
G Y M E T F W E K R F A N O M I
J Z P M Y S M A I P E B R Y C G
X Y E K N O D X Z G R H W A E O
V P T N V I Y E R N S Y E J Q H
X M I D V I H W E A D C Y J V D
Z X T E A T M L B P Y X Q C D N
M J G Z U L W E C Y L K Y D K E
H N F Q O W Y K Y U V N W B X A
V Z T L B R L B W J V S T F I G
```

• 1 •
WHAT DID THE POLICE DO TO THE *cheese sandwich they arrested?*
(7, 2)

• 2 •
HOW WAS THE HEAVY METAL CONCERT?
(6)

• 3 •
WHEN DOES A JOKE BECOME A DAD JOKE?
(2'1, 8)

• 4 •
WHAT DO YOU CALL SMALL PIECES OF CLOTH YOU CAN SLEEP ON?
(7)

• 5 •
WHAT KIND OF TREE CAN YOU WIPE YOUR HANDS ON?
(4, 4)

• 6 •
What does a SMALL BODY OF WATER DO *when it's alone?*
(4-3)

• 7 •
WHY SHOULD YOU BE QUIET NEAR YOUR MEDICINE CABINET?
(8, 5)

• 8 •
WHAT DO YOU CALL TWO BIRDS STUCK TOGETHER?
(8)

```
Q B D D W B D M R S D K X X I P
P G M D A I C Y N K V N X G S O
F T N E R A P P A S T I B B O R
R Y C O U P A D P L C Q I Y E J
T F N D J L Q W K E Z F V T W M
X I E R M K S S I E K Q R T B A
C V G T T K I U N P O N D E R S
V U R K U M E U S I M F Z R Y K
R E I F V V L S M N L D T H U M
E W L J S Z Q D O G S G A U E K
W B L C C U N D L P J W E K O T
O L E I R O R E K I A C B S H Q
F G D L U O E B X L D T M A X W
F E I H N B W U W L Q T E E R B
L H T E K B G S R S H W I E N C
K E K Y Y S A N K Q J S E G N R
```

• 1 •

WHICH BARBARIAN
ATTACKED ROME
WITH BAD JOKES?

(6, 3, 3)

• 2 •

DID YOU HEAR ABOUT
THE HUMAN
CANNONBALL?

(2, 3, 5)

• 3 •

How did the dog
STOP THE MOVIE?

(4, 6)

• 4 •

IF YOU LEARN
ENOUGH OF
THESE JOKES,
WHAT WILL YOU BE?

(12)

• 5 •

WHAT
HAPPENED
TO THE BOMB
THAT DIDN'T GO OFF?

(7)

• 6 •

WHAT DID THE DOG SAY
*when it sat down
on sandpaper?*

(4)

• 7 •

WHAT KIND
OF SHOES
**DO NINJAS
WEAR?**

(8)

• 8 •

WHY WOULD YOU ONLY BUY
NINE RACQUETS?

(6, 3, 4)

```
S C O Y D T C W Z S T C X H C W
J N J V Q U N L M P T J E K O T
X P Z T F M Z F N G I Z T X R L
D A H E G O T F I R E D E Q M Y
F W D B F V Z U F L K A N A X Z
H S N E A K E R S N V L N A J J
S B J L N U P E H T A L I T T A
Q U O L V U Z F K A I I S U R X
H T E K M Q I U X Z F A T A G V
S T E C K F C S Z Q K I O N N Z
A O X K Y A P E C W H J O J H Y
W N G A J K W D R Q W B M D W Y
R O Z F N C X X N Y Y T A J Q U
C P Z E L B A P P O T S N U P F
I U H Q E Y I Y X S K U Y X A L
Y P K V N L Q G C Y Q K Y U I X
```

103

•1•

WHAT DOES A GORILLA **WEAR IN THE KITCHEN?**

(3-3)

•2•

WHAT KIND OF BREAD *does a gopher eat?*

(4, 5)

•3•

WHAT DOES A POLAR BEAR WEAR *when his head is cold?*

(3, 3)

•4•

WHAT DO YOU GET WHEN **YOU CROSS A DINOSAUR WITH A PIG?**

(8, 4)

•5•

WHAT'S A SQUIRREL'S **FAVORITE SODA?**

(3-1-4)

•6•

WHAT'S SOGGY *and has antlers?*

(4, 4)

•7•

IN WHICH DIRECTION DID THE TURTLE MOVE WHEN HE SAW US?

(8)

•8•

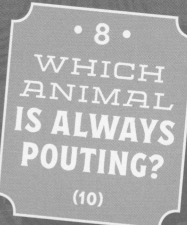

WHICH ANIMAL **IS ALWAYS POUTING?**

(10)

N N F B Q R G O N N Q M N G O A
S M K H E C R O P Y L K A G B E
Z A W S U A R M N B K J K L B S
A L Q X M E M F S E I K Q H I E
X O P Z P X I D X V N R M K F G
T C J A W Q K N D J D O X R X T
I A S C C H P J K S V P W A Z L
T K C O W E I N K E K C X Q P O
E A W V X L C N S M M I H D W K
O O E Q G T A I O G A S A G I H
L V N H T Y O X C C D S X J K D
V I Q M W T B H H Y E A P Y O N
V Z X Q R E E D N I A R E N T R
P Z G O Q G L V T L K U O P I R
T D T P Q D B O C Z T J V S X L
F Y T C D H I E H X D Z S F H P

WORD LISTS

PUZZLE 1

1 BLOCK PARTY
2 BY ITS BARK
3 CHEW CHEW
4 HOTEL CHAIN
5 IT LOGGED IN
6 LIGHT BULB
7 TEN-TICKLES
8 THROUGH THE WEB

PUZZLE 2

1 GROUND BEEF
2 IT'S A HOOT
3 IT'S BOAR-ING
4 IT'S EGGCELLENT
5 IT'S TEAR-ABLE
6 PORK CHOP
7 SATISFACTORY
8 WIGGED OUT

PUZZLE 3

1 BOOTIQUE
2 CALL-I-FLOWER
3 DE-CAP-ITATED
4 NEIGH-SAYER
5 PLANE BAGEL
6 POULTRYGEIST
7 STAR-FISH
8 YANKEE DOODLE

PUZZLE 4

1 BABY BOOMER
2 COVER STORY
3 FATHER IN LAW
4 FIGURE SKATER
5 HOARSE DOCTOR
6 LAZY BONES
7 PARAKEETS
8 VEIN MONSTER

PUZZLE 5

1 CAN'T OPENER
2 CARPUNTER
3 COOKOUT
4 ITENTACLE
5 LAUNDERED MONEY
6 NAVIGATOR
7 ONE UGLY MUG
8 RANCH DRESSING

PUZZLE 6

1 ANT-IQUE
2 DRAINED
3 ESCAPEE
4 FINE BROTHERS
5 HE MEANT WELL
6 MISSING LINKS
7 PITCHER FRAMED
8 SIR RENDER

PUZZLE 7

1 CHEETAHS
2 DRAFTS
3 FOR CASE-IDEAS
4 IT BLENDS IN
5 IT'S STUFFED
6 PIER PRESSURE
7 SHE HAS PATIENTS
8 THE GRATER GOOD

PUZZLE 8

1 HE LIKES THE RING
2 HE WAS IN SHOCK
3 IT WAS UP-TIGHT
4 LOST INTEREST
5 SOAR THROAT
6 THEY MULTIPLY FAST
7 TO BRANCH OUT
8 TOO SHADY

PUZZLE 9

1 "BREW-TIFUL."
2 HE HAD A FLUSH
3 "HELP YOUR SHELF."
4 "I SEE EWE!"
5 IT'S THE WURST
6 "KNOT FUNNY."
7 "THANKS FOR NOTHING."
8 "YOU'LL BE MIST."

PUZZLE 10

1 BUCCANEER
2 "CATCH YOU LATER!"
3 "I'M NICHOLAS."
4 "LONG TIME, NO SEA."
5 "PUDDLE UP."
6 "SCORE!"
7 TUBA GLUE
8 "YOU'RE HUMERUS."

PUZZLE 11

1 DON'T SPREAD IT
2 HE WOKE UP
3 IT'S AN OAR-DEAL
4 IT'S PIT-IFUL
5 IT'S POINTLESS
6 IT'S PUN-CTUAL
7 IT'S RUBBISH
8 RE-LEAVED

PUZZLE 12

1 IT WAS FRAMED
2 IT WINGED IT
3 KID GLOVES
4 MOAT-ZARELLA
5 REALI-TEA
6 RING FINGER
7 THEY GO UNDERCOVER
8 THEY LOOK PAIL

PUZZLE 13

1 CLASSIC ROCK
2 CLOWN FISH
3 EYE-PHONE
4 HISS AND MAKE UP
5 OPEN-TOAD
6 PAIR OF PLANTS
7 SAILS
8 SNICKERS

PUZZLE 14

1 CLASS TRIP
2 GRAINS
3 LEMON AID
4 MICROWAVES
5 SCALES
6 TANNING BREAD
7 TSARDINES
8 WRAP

PUZZLE 15

1 ALLEY CAT
2 ASTRONUTS
3 BOOK CLUB
4 SEVEN C'S
5 THUNDERWEAR
6 TOOTH FERRY
7 WATER POLO
8 WICKET WITCH

PUZZLE 16

1 FLEAHISTORIC BUG
2 FROST BITE
3 LIP STICK
4 MOCKINGBIRD
5 NIGHT MARE
6 NOTE PAD
7 SPELL CHECK
8 TAP WATER

PUZZLE 17

1 ALL-STARS
2 CHANGE PURSE
3 FRUIT PUNCH
4 HIS WHEELS TURNING
5 JAB WELL DONE
6 ROCK SLIDE
7 SPOILED MILK
8 THEY DE-COMPOSE

PUZZLE 18

1 A-FLAT MINER
2 BOOKWORMS
3 BOWL-ING
4 CZECH THE MENU
5 DAIRY TALES
6 FACEBROOK
7 MOOTUAL FUNDS
8 STEP-LADDER

PUZZLE 19

1 DUST JACKET
2 HOME PLATES
3 PUCK
4 SOUND SLEEP
5 SPOILED SPORT
6 THEY DRAGON
7 TWINKLE TOES
8 URINE TROUBLE

PUZZLE 20

1 CALF-ETERIA
2 IVY LEAGUE SCHOOLS
3 POLKA DOTS
4 SMOKE SIGNAL
5 SUB-MARINES
6 THE FLYBRARY
7 TOXIC WAIST
8 YOU'LL BE PUN-ISHED

PUZZLE 21

1 BEETHOVEN
2 CAR-NIVAL
3 CHOIRPRACTOR
4 IT'S HILL-ARIOUS
5 MUSSEL BEACH
6 PUN-STOPPABLE
7 RIB CAGE
8 RUST HOME

PUZZLE 22

1 BURRMONT
2 CROWBAR
3 NIGHT-TROGEN
4 PANTSYLVANIA
5 PLANET
6 QUACK OF DAWN
7 SIR CUMFERENCE
8 WHEN IT'S AJAR

PUZZLE 23

1 HE NEEDED SPACE
2 IT WAS GROUNDED
3 NERVOUS WRECK
4 ORCA-STRA
5 SWARM IN THERE
6 THEY LACTOSE
7 THEY SQUEAL
8 TRICERA-COPS

PUZZLE 24

1 ADDRESS
2 GARBAGE TRUCK
3 OLD GIZA
4 RECEDING HARELINE
5 ROMAN NUMERAL
6 SLUGGISH
7 SPRINKLING
8 TREE-RING BINDER

PUZZLE 25

1. GRAVEYARD SHIFT
2. IT'S DUBLIN
3. MEATBALL
4. MILESTONE
5. "MY FAULT!"
6. THE CLUB
7. THEY'RE SHELLFISH
8. THEY TRAVEL

PUZZLE 26

1. ACT NUTS
2. CELL PHONES
3. IT'S A RIPOFF
4. NO GUTS
5. PYRAMID SCHEME
6. THEY CANTALOUPE
7. THEY TASTE FUNNY
8. UNTIL KNIGHT FALL

PUZZLE 27

1. CHILL
2. HE'S HORSE
3. HE WAS ON DUTY
4. HOLE IN ONE
5. IT'S METEOR
6. LAWSUITS
7. LOTS OF PROBLEMS
8. TWO-TIRED

PUZZLE 28

1. BISON
2. "DAM"
3. "HOP IN!"
4. IT HERTZ
5. MINNESOTA
6. OUTSIDE
7. PRIVATE TUTOR
8. TOOTH HURTY

PUZZLE 29

1. AYE MATEY
2. DON'T KNOW DON'T CARE
3. MIDDLE NAME
4. MISSISSIPPI
5. NACHO CHEESE
6. OUCH
7. PAWN SHOP
8. ROBERTO

PUZZLE 30

1. ABOMINABLE
2. CAIRO-PRACTOR
3. CLAUDE
4. DUNG
5. HE'S WOUND UP
6. HOARSE RADISH
7. PATTY
8. PHILLIPE FLOP

PUZZLE 31

1. DEAD WRONG
2. HE GOT TOAD
3. HE'S RECOVERED
4. IT TAKES HIGHWAYS
5. PEOPLE REVERE HIM
6. TO DIE FOR
7. TOO SLICK
8. WITHDRAWALS

PUZZLE 32

1. CHIMP CHANGE
2. DE-LIVERING
3. GOTHS INVADED
4. HAD TO SPLIT
5. IDS OF MARCH
6. IN DE NILE
7. NO GIG YET
8. "SO SWEEP!"

PUZZLE 33

1. BIGGER PERSON
2. DEALING
3. HIGH TREESON
4. NO GOALS
5. NOTHING BUT NET
6. ROMAN DATA
7. SNOW MORE ROOM
8. TOO MANY LINES

PUZZLE 34

1 BAD PILOT
2 CAESAR DRESSING
3 GOT MUGGED
4 ORANGUTAN
5 TOO FAR-FETCHED
6 TOO POSSESSIVE
7 "TUT, TUT."
8 WATCH DOGS

PUZZLE 35

1 AARON BURR
2 CLEANING SOLUTION
3 IRRELEPHANT
4 PORTUGULLS
5 POWDER THEIR NOSES
6 SMOOTH CRIMINAL
7 STARS AND STRIPES
8 WENDY'S

PUZZLE 36

1 ABDOMINAL SNOWMAN
2 BA-NA-NA-NA
3 CELLFIES
4 FROSTBITE
5 IMPASTA
6 NOBODY NOSE
7 TWO-KNEE FISH
8 WAIST OF TIME

PUZZLE 37

1 ATTIRE
2 FAUX PA
3 FSH
4 LANDLORD
5 MEOW-TAIN
6 NEIGH-PALM
7 UNSTABLE
8 VOWEL MOVEMENT

PUZZLE 38

1 COLD SHOULDER
2 DUET ALONE
3 INSTAGRAM
4 MOOVIES
5 NAILED IT
6 OVERBOOKED
7 PHARAOHMONES
8 REIGN

PUZZLE 39

1 ALPHA-BAT
2 BREWHAHA
3 NO LEADS
4 SQUEAKED BY
5 STOCK MARKET
6 SUNDAE SCHOOL
7 TO TOUCHDOWN
8 WORD OF MOUSE

PUZZLE 40

1 "BRANS"
2 FLOURS
3 FORD FOCUS
4 HENCYCLOPEDIA
5 SCRAMBLED
6 SPACE BAR
7 "YOLKS ON YOU"
8 ZOMBEE

PUZZLE 41

1 ARITHMETICKS
2 HE GETS LOST AT C
3 HE'S BAROQUE
4 HYDE AND SEEK
5 NO MONET
6 OWL-GEBRA
7 POP
8 TAROT CAKE

PUZZLE 42

1 BAT ATTITUDE
2 BIRD OF PRAY
3 IT'S A FRAYED
4 ROAD ISLAND
5 SHELF-SERVING
6 TWO IN TENTS
7 TWO WEEK
8 WRONG A-DRESS

PUZZLE 43

1 BOWLING
2 DAY SCARE
3 DRESSED TO KILL
4 HANG OUT
5 HIS GHOULFRIEND
6 LOTS OF FLOUR
7 LUM BAR
8 NEVER TOOK OFF

PUZZLE 44

1 BELLHOP
2 GOOD SOLE
3 "HEY, BUD!"
4 ONLY ONE TAIL
5 SOFISHTICATED
6 WAVE
7 YAMAHAHA
8 YOU'RE ATTRACTIVE

PUZZLE 45

1 BARN YARDS
2 CROOKADILE
3 DON'T KNOW Y
4 DUNKS IT
5 IT WAS BLUE
6 PUN-CAKES
7 ROCKET TO SLEEP
8 YOU LOOK ICE

PUZZLE 46

1 BAD YOLKS
2 IT'S HANDY
3 LOOKING SHARP
4 LOTS OF VIOLINS
5 PROPAGANDA
6 PURRPLE
7 SEVEN ATE NINE
8 THESAURUS

PUZZLE 47

1 A TRUMPET
2 DON-KEY
3 FOR KICKS
4 IT'S CORNY
5 IT'S DEEP
6 LOAFERS
7 ROVERDOSE
8 TOOK A DIVE

PUZZLE 48

1 GRILLED IT
2 IRONIC
3 IT'S APPARENT
4 NAPKINS
5 PALM TREE
6 POND-ERS
7 SLEEPING PILLS
8 VELCROWS

PUZZLE 49

1 ATTILA THE PUN
2 HE GOT FIRED
3 PAWS BUTTON
4 PUNSTOPPABLE
5 REFUSED
6 "RUFF!"
7 SNEAKERS
8 TENNIS TOO MANY

PUZZLE 50

1 APE-RON
2 HOLE WHEAT
3 ICE CAP
4 JURASSIC PORK
5 OAK-A-COLA
6 RAIN DEER
7 TORTOISE
8 WHINOCEROS

About CIDER MILL PRESS BOOK PUBLISHERS

Good ideas ripen with time. From seed to harvest, Cider Mill Press brings fine reading, information, and entertainment together between the covers of its creatively crafted books. Our Cider Mill bears fruit twice a year, publishing a new crop of titles each spring and fall.

"Where Good Books Are Ready for Press"
501 Nelson Place
Nashville, Tennessee 37214

cidermillpress.com